蒙氏经典认证 欧美精英范本

蒙台梭利
全面育儿教典
怎样建立父母的权威

[法]马德琳·德尼 / 著

肖梦哲 / 译

长江出版传媒 长江文艺出版社

致亲爱的"小捣蛋鬼"们：

或许你们偶尔会想，爸爸妈妈的要求也太多了吧？是的，他们尚未理解你们对自立的渴望。

千万不要误解他们是为了阻止你们"搞破坏"才对你们提出种种约束。

要知道他们也曾经是孩子，也曾不听话，稍稍不合心意就大吵大闹，也会因为被要求遵守规矩而满腹牢骚。

因此请相信，父母能够理解你们的顽皮和抗拒，但同时也要接受，生活中并非每时每处都能够随心所欲，的确有些事情对你们是禁止的。

你们还要接受的是，父母可不是理想中"有求必应"的大好人，他们不会为了取悦你们而满足你们所有的要求。因为他们不想让你们变成专横的"小皇帝"。

要知道父母是如此爱你们，如此迫切希望看到你们快乐健康地成长，所以他们才会对你们时不时爆发的坏情绪无动于衷……当然不是真的无动于衷。他们只是平静面对你们的对抗，让你们学会为自己的行为承担后果，并且不厌其烦地修正你们那些不受欢迎的举止。

对他们失望透顶？绝非如此！一旦他们从这本书中挖掘出最为核心的"机密"，一定可以找到一种与你们愉快相处的方式。

让你们的父母听听儿童专家怎么说吧。

除非你们正打算做出一些明令禁止的举动，来挑战他们的耐心！

目 录

序

不可缺席的"蒙台梭利教育"

华夏蒙台梭利教育发展协会理事长　吴梅雀（台湾）

　　人类因为拥有记忆、想象、学习、分析、推理、判断及创造能力，成为万物之灵。但也会因为情绪波动及人格异常，做出不理性行为。长久以来，我们重视对下一代儿童的知识传授及智能发展，对他们的情绪管理和健全人格培养却相对忽视，以至于工业革命以后，科学技术虽然突飞猛进，人类的犯罪、自杀、心理疾病、种族冲突等问题却日趋严重。在诸多复杂因素中，青年人和成年人缺乏情绪管理能力，或许是颇为主要的一种。

　　生活中的挫折事件，会导致情绪波动及生理变化，使个体经常处于紧张和焦虑的状态。在承受重大压力的同时，倘若内心强度低，缺乏社会支持，认知形态又有偏差，就无法采取积极有效的对策来解决问题，进而产生不良适应现象，甚至出现身体功能异常或心理疾病。

　　蒙台梭利教育哲学所对应解决的，正是此类情绪管理问题，从早期教育介入，建构正常的人格发展。其"混龄教育"

理念相当于将教室作为一个小小的社会化场合，帮助儿童从小学会处理友伴关系，积极解决问题，不逃避，不拖延。目标是培养一个"好人缘"的孩子。

自幼接受"蒙氏教育"的孩子，在以下方面会有明显突出的表现：

了解自己的情绪：能立刻察觉自己的情绪、了解产生情绪的原因。如实把握自己对他人或某些决策的感觉，才能掌控自己的生活。

控制自己的情绪：能够安抚自己，摆脱强烈的焦虑、忧虑。也就是能够控制刺激情绪的根源。

激励自己：能够整顿情绪，让自己朝一定的目标努力，提升创造力。

维系圆融的人际关系：能够理解他人，针对他人的情绪做出恰当的反应，维持良好的关系。这也是培养"领导力"的基础，成为一个耳聪目明的孩子。

这些情商方面的优长，不仅能够让孩子的智商得到更充分的发挥，也是他面对生活波折的动力，对个人健康、情感生活，乃至全面的工作发展及人际关系都非常关键。

不仅儿童需要"蒙台梭利教育"的启蒙，成年人亦需要"蒙台梭利教育"的修复。它似乎是颗万灵丹，无论心理或生理疾患，都有迅速对症的效用。它帮助每个失和的生命找回内在的秩序，为人们重新点燃灵魂的圣火，让人们看到自己内心的宝石：坚定、整洁、承诺、同情、信心、体贴、合作、勇气、礼貌、创造性、超然、决心、勤奋、热情、忠实、适应性、宽恕、慷慨、温柔、帮助、诚实、荣誉、谦虚、理想、正直。

　　每个人都在生命的路途中承担着多元角色，想要扮演得恰到好处，真不容易。倘若我们能够将"蒙台梭利教育法则"融入生命，为自己提升生命能量，为孩子奠定广阔深厚的生命基石，终将看到它至美至善的启迪，和至深至远的影响。

　　慷慨地给予孩子用心、耐心和爱心吧，每个孩子都会向着最为适当的方向成长，激发出令人惊叹的天赋与潜能。

引言

　　我们知道，孩子们总是在与大人的权威对抗中成长，而家庭为这种微妙的关系提供了理想的氛围。孩子们在家庭中学习如何与他人和睦相处，同时了解自己、发展个性。

　　关于孩子的"成长蓝图"，每位家长都一定有话可说！您可以说出许多态度坚定、目标明确、乐观积极的话语，这些话语将引领孩子走向独立自主，培养他们的责任感，并让你们共同收获一种最珍贵的情感：父母和孩子之间深刻的信任。

　　同时，您将不可避免地要借助那著名的教育理论，即"规则与限制"，帮您冷静、正确地处理棘手问题。知道什么时候应该允许，什么时候必须制止，这样的教育方式才会让孩子感到心悦诚服。

向自己提问

首先，我们需要弄清楚如何运用这些基本的教育原则，让它们能真正被孩子所接受。孩子们究竟何时才能理解？这些原则有哪些作用？我们希望给孩子传达什么观念？

充分了解孩子的成长模式，会让您在正确的时机做出正确的反应。恰当的坚持和拒绝，不仅不会对孩子造成伤害，反而更有助于他们建立良好的行为规范。相信孩子天然的抗压性和内心向善的本质吧。

表达明确、内容真实

孩子每天都在发问："为什么我不能这样做？""为什么这是不对的？"这些问题可真不好回答。不过，牢记四个关键词，会让您在面对这些疑问时更加自信和胸有成竹。再加上一点沟通技巧，您就可以在坚守原则的前提下，非常自如地应对他的"挑战"了。

四个关键词

安全：如果某种要求或行为会让孩子置身于危险境地，我有理由反对。

自主：我不应该满足孩子的所有要求，因为只有当他遭遇过别人的拒绝，才懂得如何应对小小的挫折。这会让孩子学会自信和自主。

尊重：我有理由禁止孩子做出不守规矩的举止，这对他日后能否与他人融洽相处至关重要。

价值观：我应教会孩子区分"好"与"不好"的行为，使他建立起正确的价值观，并能顺其自然地接受社会规范。

100%的持久和稳定

每个家长都是一样的，总有一天会厌倦向孩子无休止地说"不"：这个不能说，那个不能做，不要以这种方式提要求……在这种时候，我们就想容许自己"偷个小懒"——对孩子的错误行为置若罔闻，以避免不必要的冲突。我们在心里默默安慰自己："想做一个完美的家长，是不可能的。"

但是我们需要清楚地意识到，对孩子的行为准则，需要得到持久而稳定的执行。否则，有时"可以"，有时"不可以"，小朋友会觉得原则混乱不清，无所适从。这非常不利于他们养成好习惯。

持久的才是有效的

只有当您的管教总是按同一种方式执行时，才能帮助孩子改正不当举止，获得积极而持久的收效。相反，不时地向孩子妥协，会让他认为自己的错误并不是非改不可，甚至还会重复这一行为。

协调是必需的

行为准则应该依据孩子的年龄情况来制定。通常准则越少，越容易执行，从而越有效果。您快速准确的回答是您孩子最好的行为参考。千万不要忘了，家长就是孩子的榜样。

几个年龄段的特性

1至2岁

➤ 孩子开始显现自己的个性特征，并试图掌控自己的世界。

➤ 能理解"不"的含义，这对他来说并非命令，而是希望他予以配合。

➤ 他还不知该对家长的指令做出怎样的反应，也不能理解为什么只要自己做了一件错事，大人们就会生气。

2至3岁

➤ 为了表现自己并获得独立，进行不懈的"斗争"。

➤ 在不断遭遇挫折之后，孩子会意识到自身的限制，这会使他不快。

➤ 他只生活在当下的时刻，很难接纳那些口头上的指令和禁令。

3至4岁

➤ 他开始形成自己的习惯，并不仅仅生活于眼前。

➤ 他能理解禁止一种行为的理由。

➤ 他缺乏经验，对于好坏的判断不够坚定。

4至5岁

➤ 他能够接受现实和自身限制。

➤ 他需要行为的榜样。

➤ 他冲动的性格会让他吃亏。他以自我为中心，认为自己是宇宙的中心。

6至7岁

➤ 他对"正义"这一概念非常敏感。

➤ 喋喋不休的教训无济于事。

➤ 他喜欢自己的良好举止受到表扬，这样他更有动力坚持下去。

➤ 自我批评的现象开始出现。

8至10岁

➤ 他明白自律的意义，并因此减少不当举止。

➤ 他开始认识自己，开始形成正确的观念，并会注意到自己的权利与义务。

➤ 他开始学习承担责任。

1-3

岁

用关爱代替指责

"开门关门"的游戏或偷吃猫粮这类小把戏，对孩子们有着莫大的吸引力，然而，家长却不得不对这类危险行为横加阻拦。为了使您的孩子在安静、安全的环境里进行他的第一次"人生大冒险"，您需要担任他的"全职保安"，并使他完全信任您。这样，他才能毫无顾忌地表明自己的独立态度。

与孩子站在同一立场上，会让他们更乐意表现得很"听话"，因为孩子们总是更倾向于和循循善诱的"大孩子"一起玩儿，而非那些发号施令的"大人们"。

你可以做到！

　　艾曼纽，3岁，正在执着地追求独立。她会断然拒绝他人帮忙更衣，也会因为自己无法穿好鞋子或他人想帮忙扣好她的大衣而愤怒叫喊……更别提在用餐时，她坚持要将水倒满至杯口边缘，并且谁也不能碰她的餐具。与艾曼纽一起吃饭绝不轻松，连她的父母都觉得无法忍受！

　　艾曼纽的妈妈决心改变局面，以免宝贝女儿的强烈自主欲破坏了家庭的和谐。那些不易穿戴的衣物统统压到箱底，取而代之的是T恤、裙子、弹性牛仔裤和尼龙搭扣式大衣。用餐时，妈妈会和女儿一起选用塑料餐具，餐具上还装饰有她喜欢的卡通形象。这样，艾曼纽才终于同意接受妈妈的要求：从今以后，杯子里的水只能倒至一半以免洒出。独立穿衣对她来说也不再是困难，妈妈还会经常表扬她，因为餐桌不再像一个戏水池了！

　　这位母亲找到了帮助女儿成长的解决方案。通过重新选择衣物和餐具，既满足女儿的独立愿望，又让她体验到完成任务的成就感。当女儿做得很棒时，她会称赞她，并让她知道遵守规矩的好处。这是一个完美的成功案例。

请对孩子这样说：

这件事你完成得非常好。

这是你最完美的一次尝试。

你对我的帮助特别大。

别碰!

学会抵挡诱惑

埃利奥特，15个月，正不断开发自己"探索家"的天赋。按遥控器或开关是他的最爱之一，电脑线、插座也都是他喜欢的玩具。他不明白父母为什么总想阻止他。瞧! 他又在试图靠近电脑旁边那台新的打印机了。

"不行，不要按按钮!"埃利奥特的妈妈立刻用一种坚定的语气说道。她只提出了这一个要求，仅此而已。看到埃利奥特难以抗拒诱惑，他的妈妈走过去帮助他"执行命令"。她轻轻地将孩子的小手从电器上挪开，并转移他的注意力。埃利奥特每次都会对妈妈快速果断的反应感到意外，不过尽管如此，他服从了妈妈的引导，因为另一个好玩儿的游戏正等着他——妈妈给他准备了一堆装着广告的信封，随他怎么玩儿。面对有趣的新游戏，他很快就把打印机的事忘得一干二净。

当孩子试图触碰那些禁止触碰的东西时，妈妈只是坚定、温和、有效地执行了1至2岁的孩子能够接受的一项举措：不要大喊大叫，也无须对孩子进行解释——因为这个年龄的孩子还不能理解禁止一种行为的理由——只要向他提出要求，然后立即介入其中，转移他的注意力。这种做法有助于孩子逐渐形成听从指令的意识。

明确地向孩子说明他需要怎样做，这点非常重要：最好的表述是"不要碰电脑"，而不是"你又在犯错"。

我想怎样就怎样！

让孩子做出力所能及的规范行为

詹妮弗，2岁，叛逆期正在轰轰烈烈地展开。当她直视父母双眼说出"不"的时候，想要改变她的主意可是太难了。一个星期天的上午，父女俩在超市购物。父亲走向收银台准备结账，他怀里的小姑娘却不想坐回自己的童车。父亲试着把她放进去，她开始强烈反抗，拳打脚踢，还顺势掀翻了童车和父亲手中的购物篮。

父亲把地上散落的东西一一捡起。有好心路人过来帮忙，并建议他不能太"惯"孩子。父亲不予置评，淡定地收拾残局，付款，走出超市……直到街角，他才冷静地对詹妮弗说了几句话。他把童车停在一张座椅旁，抱出詹妮弗，简明地给她解释了一下为什么要听爸爸的话："我知道你刚才不想坐你的童车，但是你必须这样做，因为爸爸没有三只手，两只用来抱你，剩下一只用来付钱。"然后，他又将小女孩放回童车，并告诉她必须坐好，童车才不会倒。原来"坐好"也是很重要的一件事，这让小詹妮弗非常开心，她愉快地听从了父亲的要求。

为了让小朋友遵守某项规矩，给他灌输一点小小的"责任感"是个不错的选择。这个年龄段的孩子不会过于任性，因为，简单来说，他们的智力水平还不足以让他们耍出"阴谋诡计"。对于小孩子来说，最重要的莫过于获得自主权了。

当我们很小的时候，总会遇到那么多让我们生气的事！研究表明，小孩子约有40%的时间竟然花在……等待上！

请您记住这些经验：

■ 当您对孩子提出一项行为准则后，应该相应调整环境，转移那些容易导致危险的物品。让孩子转移注意力去做另一件有趣的事，看护好他，避免再次出现"危机"。

■ 年龄小的宝宝很难理解父母说的"不"是持续有效且不随空间变化的。因此您需要不断向他重复您的指令，直到他确实牢记于心。

■ 不要太早将孩子当作大人看待。在3岁以前，他很难理解父母的禁令。例如，不要在楼梯间喧哗，不要独自过马路。因此应该由您来警惕地防止他一时心血来潮而做出不当举止。

■ 小朋友是活在当下的。因此一定要即刻向他解释某一不当举止会造成的后果，以便他能理解您对他的要求。

■ 应事先向孩子说明他应该遵守的规矩，但不要不停重复。否则，孩子会很早就形成听到三四遍才遵守规矩的坏习惯。

■ 为了帮助孩子遵守规矩，最好给孩子提供两种方案让他选择，而不要将自己的行为方式统统强加于他。

■ 当您给孩子提供"可选择方案"的时候，要清楚地说明前提条件。比如："在公园里，你只有拉着我的手，才可以从矮墙上跳下来。""如果你想单独跳的话，可以在沙堆里跳远。"

让孩子愿意听话

1至3岁的孩子充满活力与好奇心，他只要求一件事：学习！因此要充分利用孩子想探索和了解世界的这个时机，给他们灌输美好的价值观，并让他充满自信。

在正确的时机对孩子说出鼓励的话语，他们的自信才会逐渐形成。即便是在对孩子说"不"的时候，也要让他知道爸爸妈妈是爱他的，只是不赞成他此刻的行为。

多表扬孩子的进步，不要过多强调他所犯的错误。这样，您就会看到自己的孩子幸福快乐地成长，他也会为自己是个听话的好孩子而骄傲！

友善待人!

学会尊重他人

伊娃，2岁半，十分仰慕自己4岁的哥哥埃尔维斯。在家里，她对哥哥唯命是从。每次都是由哥哥决定俩人做什么游戏，而且每当妹妹挑选到一个玩具，他就将它占为己有。而在幼儿园里，伊娃则是一个和哥哥一模一样的小霸王！

经过幼儿园老师的提醒，伊娃的妈妈在很长一段时间内，都很重视向两个孩子说明"友善待人"的意义。她提议孩子们做一个有趣的游戏：物物交换！

选择孩子们喜爱的两个玩具作为友善待人的"入门课程"。埃尔维斯玩他的海盗船，妹妹则当起小搬运工，然后进行交换。这种交换游戏让两个孩子都很兴奋，而且立即奏效。不久以后，家长只需要为兄妹俩规定交换时间，而不必再刻意强调"友善待人"了。

家长对孩子社交生活的影响是极大的。鼓励孩子去分享、交换、轮流做游戏，这对孩子来说是很棒的学习经历。这些友爱待人的练习也提示家长，在批评某种"负面"行为的同时，应该向孩子提供另一种"正面"的备选方案。这时，家长积极的态度和有威信的举止，一定会得到孩子的认可。

请对孩子这样说：

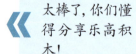

太棒了，你们懂得分享乐高积木！

保罗，你能不能给妹妹朗读一本书？你知道她很喜欢听故事！

保罗，只有你最会哄弟弟开心了！

别被孩子轻易惹恼!

纠正不当行为

凯伦，18个月，现阶段最喜欢的事情就是在家里捣乱！姐姐坐在地上玩拼图游戏，她就冲上去把拼图弄乱。她还会撕掉图画，为了制造噪音而推倒东西，用各种方式激怒大家……

凯伦的爸爸发现，小女儿在致力于各种"捣乱试验"时，其实是想吸引大家的注意力。但不能因为这样就任她为所欲为！他对不同情形进行不同方式的处理。首先不给她"可乘之机"：拼图游戏以后都在桌上进行，图画也挂在她够不到的地方。当小女儿弄倒一堆报纸的时候，他不会表示反对，只是要求她把报纸收拾好，并且只要求一遍，如果凯伦没有照办，他也不会继续把注意力放在她身上。

小凯伦需要一些时间才能明白，自己的行为是不会立即吸引爸爸妈妈的注意的。当自己的"恶作剧"达不到预期的反馈，她只好无奈地放弃了。

我们发现一个有趣的现象，就是孩子有种神奇力量，有本事轻而易举地惹恼父母。了解到这一点，家长们即可"对症下药"，让孩子不再为了吸引注意力而"搞破坏"了：阻止孩子打扰他人的活动；鼓励孩子用更友好的方式游戏和交流；当孩子故意弄出什么响动时（在不涉危险的情况下），不做任何评论。

■ 孩子们直到7-8岁都会以自己的感受为中心。
■ 他们很难换位思考和理解他人的观点。
■ 当有问题出现时，他们只采取一种措施。

任你指挥?

停止不断的要求

"妈妈，过来！抱我！我渴了！给我一块蛋糕！把我的壁橱打开！"杰西，3岁，每天恨不得给妈妈下100道命令，语气很是理直气壮。倘若妈妈不能一听召唤就立刻在她面前，满足她的要求，小女孩就会大发雷霆。

天一亮，妈妈就开始被杰西的各种要求折磨，弄得疲惫不堪，她于是决定掌控局面了。从杰西的第一声召唤开始，妈妈采取了一种新的方式来应对。她的答复简单明了："不，我不会立刻过来，我要先完成手头的事情，然后再去看你，除非你再次叫我。"杰西接受了妈妈延迟的到来。而第二次尝试就不那么顺利了，因为小女孩难以控制自己的冲动情绪，但妈妈还是坚持自己的原则。这样一天又一天，杰西慢慢学会包容他人的延迟，而且每次有进步，她都会得到妈妈的表扬。

孩子对父母的纠缠往往表明他难以脱离父母。如果不加以控制和缓和，这种情绪会导致他不断提出更多要求，哪怕会遭到训斥！因为当爸爸或妈妈训斥自己的时候，至少他们都在身边！

家长与孩子之间的亲密关系对于孩子建立正确的自我评价很关键。这种亲密关系是在不断的调整中构建的。尽量避免用命令的口吻沟通，因为这会让孩子难以取悦他人。

请您记住
这些经验：

■ 尽早教会孩子运用一切善意的话语（"请""谢谢""你能否……"）来表达请求，一旦他使用到这些话语，不要忘了表扬他。

■ 当您想修正孩子的不当举止时，请设法让孩子相信他有能力做得更好，但不要将标准定得过高。教孩子学习等待的第一次小练习只需持续几分钟，交换玩具的练习最多持续十来分钟。

■ 您一定要在说"不"之后向孩子解释您的行为。对于1至2岁的孩子，当他在搓肥皂洗手的时候，只有您表扬了他，他才知道自己的行为是正确的；相反，当他在厨房里将手浸入盛有蛋液的碗中，并且认为这与洗手没什么不同，只有您批评了他，他才明白自己的行为是不当的。

■ 当您看到孩子为了吸引注意力而不停地犯错误，把家庭气氛搞得很糟时，可以采取冷处理，只强调他的进步之处和良好举止，让他明白这些行为才是受到父母赞许的。

■ 如果孩子们的游戏只围绕一个玩具进行，而且这个玩具很多孩子都想玩，就让孩子们轮流来玩。

■ 当孩子故意摔坏一件东西时，为了避免助长他的"满足感"，最好不要表现得太在意，也不要去批评他。您应该首先去收拾摔坏的东西，并要求他帮您一起收拾。

■ 如果孩子喜欢弄乱东西，您可以交给他一些小任务以培养他的条理感：比如整理沙发靠垫，将DVD整理成漂亮的一摞。之后，他就不愿意看到别人把他的杰作弄乱了！

简明扼要的纪律

孩子们并非在每一天刚开始的时候，就已经决定要让父母"难堪"了。但是如果家长不给他们列出一个明确的纪律方案，他们的言行就很有可能朝着失控的方向发展。

因此，家长要为孩子精心制订一份"菜单"，其中包括3-4条简明扼要、容易执行的规范。不要用"简单粗暴"的纪律填塞孩子的大脑，这会让孩子难以理解。相反地，要给孩子充分的时间，允许他按自己的节奏来消化您的意见。他就会知道，做到"听话"其实没那么难；他也能逐渐体会到，遵守那些家庭规范会使生活变得更愉悦。

这是禁止的!

道路安全守则

马提亚斯，2岁半，早上做了一件让所有人都吓坏了的事情：他突然挣脱爸爸的手，奔跑着穿过马路捡回小球。他自己并不知道事情的严重性，还为失而复得的小球感到很开心。他不能理解爸爸接下来的反应：爸爸非常严厉地批评了他，还在他的手掌心上打了一下！

因为自己当时没有看管好孩子，以及事后由于惊恐引发的失态——大吼大叫并打了孩子——马提亚斯的爸爸充满负疚感。回到家后，父子俩找来塑料小人和小车，重演了马路上的一幕。之后，他们共同认可了一条行为规范：马提亚斯在马路上必须靠着有建筑物的那边走，不能独自横穿马路。马提亚斯非常爽快地接受了这项要求，但爸爸仍然不敢掉以轻心，谁能保证小家伙不会忘记这条规定！

小孩子的思维是具象的。多举几个例子，像这位爸爸一样用实物还原现实场景，比最详细的说教都有效百倍。至于打的那一巴掌，表明家长在孩子处于危险的紧急状况下，是很难保证自己的"模范表现"的。但是这种行为的确应该检讨并不再重演，因为它并不能解决问题。

请您切记：
家长对于孩子的不当举止做出生气的反应，会让他产生不安全感和恐惧感。

一遍，只说一遍！

展现家庭规范的严肃性

爱德华，3岁，从不把"听话"当回事。对他来说，玩游戏显然比妈妈要求的换睡衣和刷牙有趣得多……因此，他总是等到妈妈生气之后才打算听她的话。他还喜欢让妈妈在后面追他，可是即使被追到了，还是拒不服从。

爱德华的妈妈告诉他，她制定了新的规则，很简单：以后当她要求他做某件事的时候，他必须立刻执行！5分钟后，当他拒绝停止游戏也不想去吃点心的时候，妈妈平静而果断地把他牵到了厨房，爱德华对此吃惊不小。他发了点牢骚，但泡沫热巧克力的诱惑让他很快忘记了抵抗。整整一天，妈妈都在变着花样地训练孩子，以保证在第一阶段中，她的要求开始生效。这样努力了一个星期之后，妈妈一提出要求，爱德华就会服从，并且为自己的"听话"感到骄傲。

纠正坏习惯往往很难，这就是我们要通过一些"小惊喜"来温和地改变孩子的原因。比这更好的状况，当然是尽早教会孩子服从家长的要求。每当家长提出要求，孩子都会非常自然地去执行。众所周知，这也是幼儿园和学校的"厉害"之处，在那里，老师的指令都非常容易被接受。

孩子越小，家长越应该言行并用。这会让孩子明白：

■ 家长对自己的要求持坚定的态度。

■ 家长不会半途变卦，孩子完全可以信任他。

干涉还是放任？

辛迪，3岁，是个十足的"不小姐"。该去托儿所的时候，她不肯穿衣服；她不要别人帮她用叉子叉豌豆，非要用手抓；还拒绝别人帮她洗手……辛迪的毛病有很多，她和父母之间潜藏着的一场"战争"，导火索已经点燃。

疲于责备的父母想出了一个新策略。他们决定从源头上消除那些让小丫头说"不"的机会。如果她想用手抓豌豆吃，他们就让她这么做；如果她一边洗手一边玩肥皂，玩了十分钟还不罢休，他们也不发表意见。至于那些不能由着她的事，则轮到爸爸来和她"巧妙沟通"了！第二天早上，辛迪"故伎重演"，拒绝穿衣服，爸爸告诉她，由于她的原因，自己也没时间穿衣服了，所以只好穿着睡衣送她去托儿所！辛迪非常吃惊，她急忙跑去告诉妈妈，让妈妈"说服"爸爸穿好衣服。有了这次经历，辛迪终于能做到起床之后五分钟内穿好衣服了。

您需要注意到"原则性问题"和"其他问题"的区别。通过事例向孩子解释为什么他要守规矩，能让他更容易理解和接受这项规矩。相反地，偶尔用手抓饭吃并非那么严重的问题，可以由他去。这反倒会让孩子更快地学会自主就餐。

请您切记：
让孩子从小养成良好的行为习惯是非常关键的，这会让他终生受益。

请您记住这些经验:

■ 当孩子拒绝您的一个要求并跑开的时候,不要追他。等他停下来再用手牵着他,蹲下身,看着他的眼睛,然后平静地重新提出您的要求。

■ 如果孩子叫喊,您就停止说话,保持平静表情,直到他安静下来。之后再重新以相同方式提出您的要求。

■ 如果他喜欢让您追着给他穿睡衣,试试相反的方式。"你先穿好睡衣,我再追你五分钟。"

■ 专注于两三条规范,同时告诉保姆或爷爷奶奶,您希望他们也能协助您让孩子遵守这些规范。

■ 想改变孩子"习惯性抗拒指令"这一点,可以让他自己做些小决定:临睡前选择第二天穿哪件衣服、吃什么点心,就餐时坐哪个座位。

■ 给难以遵守规矩的孩子提供百分百积极的选项:"你是想在公园跑步还是推童车?你想自己给鸭子喂面包还是希望我来喂?"

■ 避免如下表达方式:"你想吗?你能不能?"因为这种表达方式很容易"遭到"孩子的拒绝和反抗。

■ 父母的反应会对孩子造成强烈影响。生气的表情会让他们害怕,愤怒的语气会让他们伤心,并且让他们觉得自己很不好、很笨拙。

★ 玛丽-诺艾尔·塔迪，儿童心理医师

➤ 对2岁孩子的反抗，家长应该以一种达观的态度默许，还是应该坚决抵制呢？

　　2岁孩子的反抗行为是他成长中的正常表现。要度过这一阶段，他必须有勇气通过自己的言行来表达反抗。他意识到自己是区别于父母的另一个人。但是，我想说的不仅仅是达观的心态，更多的是慈爱的前提与约束的必要性。

　　面对小孩子的"无理取闹"，家长既不要被吓到，也不要质疑自己。一些家长倾向于认为这是孩子对父母不满。其实您不应让自己陷入摇摆不定的状态，也不要让孩子和大人之间出现距离感。

　　还是应该由大人来发出指令。清晰坚定地提出行为规范，对处于严重叛逆期的孩子是非常有效的。特别是父亲的提醒尤为重要。让孩子学会遵守家庭规矩，是为了让他在日后能够独立做出决定并承担结果。同时，父亲还担负着"让孩子与母亲分离"的任务；孩子出生时，医生们通常提议让父亲来剪脐带，就象征着他已进入这一角色。

➤ **孩子的要求得不到满足、哭闹反抗的时候，我们总说这是任性。真是这样吗？**

"任性"一词主要是指一个孩子试图获得哪怕是最小欲望的"即刻满足"。2岁孩子的"反抗期"表现更多是个性问题，而非任性。这个年龄段的孩子想通过反抗家长的指令，或不肯接受家长的拒绝，来表明自己是区别于家长的独立个人。如果孩子从未见识过父母的底线，他就会通过不断的反抗来寻找这一底线——这就让他的行为表现为任性。

另一方面，过多的限制也会引起孩子的强烈愤怒和不断挑衅。涉及到真正的危险，比如孩子试图把手放在热烤箱的门上，家长要坚持纠正到底。至于其他问题，清晰地提出规范并每天常规教导一两次足矣。重要的是要保持坚定的原则和慈爱的态度，不要嘲笑孩子，包括"善意的嘲笑"，因为孩子正在度过这一成长阶段。

➤ **如果没有从小就给孩子制定规范和约束，是否意味着家庭教育彻底错失良机？**

2岁前后这一成长阶段，对于孩子性格和习惯的养成是非常重要的。孩子必须学会把自己看成完全独立的个人，也要学会尊重自己与父母之间的差异，还要认识到家长的作用——保障、约束和提醒。在这一年龄段没有受到任何制约的孩子，日后可能会备受其害，他的青少年阶段会比其他人更加艰难。尽管如此，人类的成长和发展是非常复杂的，很多事情都可以挽救。我曾经诊断过由一位有精神疾病且需要住院治疗的单身母亲抚养的几个孩子。这些孩子受到母亲很多关爱，但没有任何制约：他们几乎可以自由地做任何决定，而不用遵守任何规矩。他们的确接受过儿童精神病学方面的治疗，但是他们长大后都成为了高品质、有人情味、性格完善和坚韧的成年人。

▶ 一旦孩子表现得过于活跃，就很容易被认定为"多动症"。您对此怎么看？

　　"多动症"是指孩子注意力难以集中、不停地活动以及睡眠时间过短。我们极少过早诊断孩子患有"多动症"。我很反对将一个好动的孩子简单认定为"多动症"，或许更恰当的说法应该是"焦虑症"。这些孩子往往是在通过不断的活动来缓解自己的焦虑。

　　当然，随着年龄的增长，其中一部分孩子可能会发展为"多动症"，另一些孩子会发展为冲动的个性，还有一些孩子，若设法消除那些使他们感到焦虑的因素，他们就会安定下来。

　　比如，父母离异后，对孩子解释清楚尽管父母不再相爱，但他们仍然爱他，并且永远爱他，就能安抚孩子的情绪。和孩子一起看看相册，给他讲讲过去的故事，同样可以弥补他心理上的失落感。

✳ 苏菲·佩尔，幼儿园园长

➤ 如果两个孩子争夺同一个玩具，您会选择何时介入？用什么样的方式介入？

在幼儿园里，小朋友们会争夺某个最受欢迎的玩具，这是玩游戏必然会经历的阶段。很显然，我们一定要教孩子懂得"轮流做游戏"以及尊重他人的游戏时间。但是我们知道，孩子真正学会与他人友好地玩耍需要好几年时间，差不多要到4岁，孩子才能在游戏中协调自己的行为，与小伙伴和谐共处。

我们经常会劝说那些担心孩子们争吵的家长："如果自己的孩子不愿借出玩具，不要说他很自私；如果他想争夺另一个孩子的玩具，也不要说他很有攻击性！"要知道，当一个孩子想拿另一个孩子的玩具时，并不是故意要打扰他，而只是为了模仿他。在这个年龄段，模仿是很重要的。在孩子能够用语言流畅沟通之前，这就是他的交流方式。

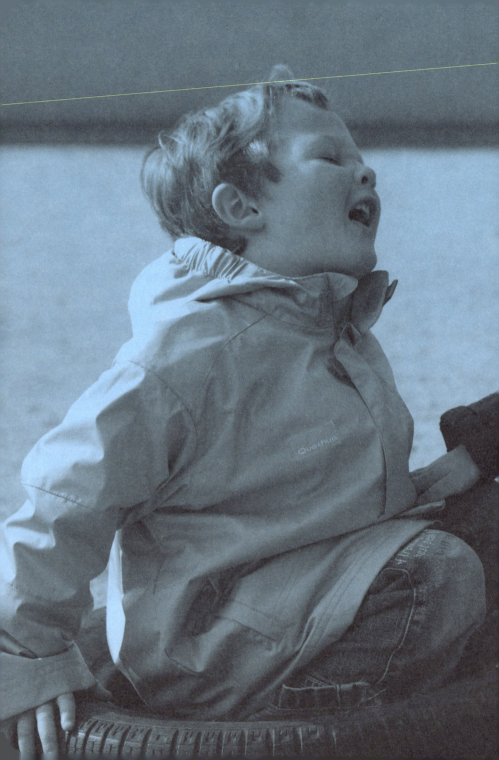

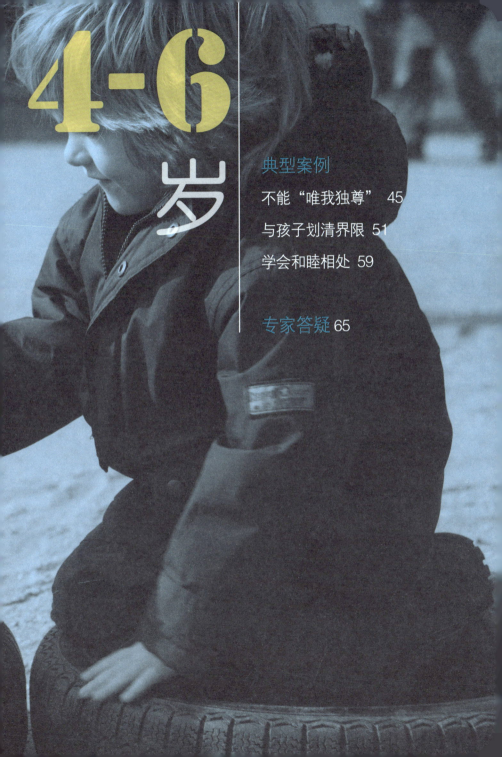

4-6 岁

不能 "唯我独尊"

现在，您又面临新的挑战了。在孩子4-6岁这个年龄段，您得教会孩子不能 "唯我独尊"！如何才能让孩子在茁壮成长、发展个性的同时，又学会节制、延迟乐趣和欲望的满足呢？

首先，不要对孩子要求过高，应该根据他的优势、劣势和抗压性，抱以客观的期望。一旦孩子举止不当，您就应当实施策略，但要多与孩子沟通对话，而不是命令。巧妙的沟通对他来说也许更像一个 "游戏"，在游戏中，你们双方都学到了生活的自律！

反思角

让表现不佳的孩子独自待在一边

萝丝，3岁，从入幼儿园开始，就养成了一种特殊的抗议方式：吐口水！这种态度绝不是父母所喜欢的。她还吐口水在奶奶身上，就因为奶奶不让她玩手机！

萝丝知道奶奶很宠爱她，但这一次，奶奶却将她拦腰抱起带到房间的一个角落，面无表情地把她放在一个软垫上，这让她很吃惊。

"你一个人待在这儿，想想你刚刚做了什么。"五分钟后，当爸妈听到女儿喊奶奶，说自己想好了，他们非常惊讶女儿的表现！随后，奶奶把萝丝从"反思角"领了出来。为了表明刚才的事已经顺利解决，奶奶还和萝丝打了一盘扑克。于是每当萝丝行为不当时，大人们就习惯性地用上这招。而对于萝丝来说，在她的"反思角"里，她也逐渐学会了自律。

为了避免对孩子的调皮举动表现得过度关注，把孩子独自放在一边不失为一种完美方案。因为如果孩子发现自己的行为可以震惊或激怒别人，这只会让他更想重复自己的行为。将孩子放在一边而不去注意他，让他自己找到安静下来的方式，这能改善他的不良举止。

您可以这样与孩子沟通：

① 告知：我不希望你碰这个。

② 解释：因为这个东西易碎。

③ 准备：你听懂我的意思了吗？

④ 提醒：我得阻止你了。

⑤ 行动：我得把你独自放在一边了。

我什么都要，现在就要！

学会推迟对要求的满足

路易，4岁，很难理解为什么自己有些要求能够很快得到满足，有一些则不能。有一天，他妈妈拒绝给他打开电视，他吼了起来："你给我马上过来！"然后，妈妈没理会他的"命令"，他猛地冲向妈妈，朝她的小腿踢了一脚！路易完全失去了控制，这时需要家长做出坚决的反应。

妈妈看着他的眼睛，简短地告诉他，一个小孩有权利生气，但是没有权利打人或命令父母。妈妈把他带到楼梯边，他必须坐在台阶上，花一些时间让自己安静下来。当路易的情绪平定下来，妈妈向他解释了"需要"和"欲求"之间的差别。如果他想尿尿，妈妈会立即过来帮他打开厕所门；如果他想跟妈妈玩耍，则必须等到妈妈有空闲的时候才行。

现在，路易能够非常清楚地区分事情的紧急程度，也逐渐学会耐心地等待了。

教会孩子区分紧急需要和欲求之间的差别是非常有用的。对于紧急的需要，父母会立即介入；而对于孩子的欲求，他们只有在认为合理的情况下才会去满足。这样，孩子就能学会控制自己的急躁情绪。

不要这样说：
- 你看看自己都做了些什么？
- 你让我很失望！

应该这样说
- 我希望你停止做……
- 我知道你不高兴，但是我不希望你做……

不行就是不行!

清楚地表达禁令

亚历克斯和克洛伊是一对5岁的龙凤胎，他们的爸爸在做一个巧克力蛋糕，同意他俩把融在锅底的巧克力吃掉。爸爸很了解他们的习性，提醒他们，如果没有把脸上的巧克力擦干净，就不能离开厨房，更不能在沙发上玩闹。否则，蛋糕烤好了也不给他们吃。但是，五分钟后，他们还是带着满脸的巧克力在沙发上蹦蹦跳跳!

"不行就是不行，"爸爸严肃地说道，"你们没有蛋糕吃了。"亚历克斯和克洛伊非常愤怒，他们只喝到了一点可怜的酸奶，而没有吃到可口的蛋糕。晚上，事情平息了，克洛伊给妈妈讲白天发生的事情。对小姑娘来说，比惩罚本身更让她震惊的，是爸爸批评他们时的言语。她对妈妈说，当爸爸说出那句"不行就是不行"的时候，他们没法不按他说的去做!亚历克斯证实了她的话，还满怀崇拜地模仿爸爸当时严厉的口吻。这时，爸爸妈妈正在心里得意地偷笑呢!

家长"说到做到"是让孩子理解禁令的关键。至于惩罚，如果太轻，则基本无效；如果太重，又往往让孩子产生报复心，还会让他觉得自己是个被人排斥的坏孩子。

惩罚只有暂时的效果：

我只是因为害怕失去在这一刻对我来说非常重要的东西，才不得不服从……但我什么也没学到。

请您记住这些经验：

■ 如果是第一次让孩子待在"反思角"，时间不要太久。只需几分钟他就能了解事情的进程：

　　1. 我用手拉着你；

　　2. 我要求你坐在远处，我们看不到的地方；

　　3. 如果你觉得自己可以回来了，你就说出来。

■ 如果他坚决不肯接受独自待在那里，您也可以稍作变通，比如让他坐在小板凳上安静几秒钟。至少这可以让他明白父母对他的要求是什么。

■ "反思角"的环境不应让孩子感到羞辱，那里应该有一个舒适的座位，让孩子坐下来认真想一想，下次要怎样做，才不会再来这里。

■ 要注意的是，待在"反思角"的孩子常想用做鬼脸等方式吸引大人的注意力，不要让他"得逞"。在这段时间内，他不应该有任何分心的机会。

■ 我们不建议把孩子关在他自己的卧室里，因为他可以在那儿玩耍，并会立刻忘掉这次被"隔离"的原因。他还可能会发脾气、破坏玩具等等，这样您又不得不出面干预，而他就又获得了您全部的注意力。

■ 当孩子表现不佳时，要以相同的方式和话语来进行管教。

■ 避免唠叨。一个坚决果断的"不行"比多次的警告对孩子更有效。

与孩子划清界限

对孩子来说，感到自己至关重要、在父母心目中地位很高，是件多么惬意的事情！但是，这个情结也会让孩子在心理和情感上过分依赖父母，甚至将爸爸妈妈占为己有。

因此需要您来设定边界。这并不容易，但如果您能对孩子那些过分的"权力之争"予以适当的拒绝，就会得到相应的收获。曾经"滥用权力"的小孩将投入到分享与互助的快乐中，并且为自己感到骄傲！

各归其位!

"俄狄浦斯情结"引发的冲突

巴萨扎,5岁,现在是个十足的小跟屁虫,他随时随地跟在妈妈后面。相反,他与爸爸的矛盾却越来越大,看到爸爸"胆敢"和妈妈卿卿我我的时候,他还会气急败坏地打他几下。巴萨扎还认为自己和妈妈用嘴巴亲亲是件再正常不过的事情,他时不时就对妈妈喊出"我深爱着你"这样的话。

妈妈温和地安抚了这个羞怯的"小恋人",但同时对他的些许举动做出调整。她依然欣赏和鼓励儿子对妈妈的爱,例如他在妈妈脸颊上留下的响亮的、大大的吻,或者在妈妈下班回家时激动地跳到她怀里,让她站都站不稳。至于"我深爱着你"这样的话,她告诉儿子最好留到他长大以后。然后,该由"情敌"爸爸来接力了,他和儿子做了几个属于男孩的有趣游戏。比如,一起做园艺……然后在花园的工具间后面尿尿,这可是妈妈严格禁止的!和爸爸一起做的这件"坏事"让父子俩言归于好,也让他对拥有这样一个有趣的爸爸感到骄傲!

父母双方都要帮助孩子:妈妈要温和但坚定地拒绝孩子对她的过度依赖,爸爸则要缓和父子间的对抗,建立亲近的关系。只有这样,孩子才会感到这是一对强大的父母,他们掌握着权威。

俄狄浦斯情结由弗洛伊德首次发现,它构成了孩子在成长过程中的一个正常阶段。它是指孩子对异性家长的依赖和对同性家长的敌意。

不要用这种方式!

滥用特权

卡洛斯, 5岁, 非常喜欢和他2岁的妹妹莎拉玩 "小长官" 的游戏。他在房间里把玩具弄得到处都是, 然后学着爸爸的严肃口吻, 要求妹妹独自整理玩具。他还在洗澡的时候饶有兴致地告诉妈妈他是怎样 "帮助" 妹妹洗手的。就这样, 儿子的 "颐指气使" 和女儿的 "斗争反抗" 成为这个家庭中令父母不胜其烦的 "主旋律"。

妈妈发现, 她在鼓励儿子 "当好大哥哥" 时所传达的信息, 儿子并没有真正理解。为了不让儿子的坏习惯加重, 并且改正他动不动就生气的毛病, 妈妈教给卡洛斯用另一种方式扮演大哥哥的角色。由于卡洛斯喜欢替他人操心, 他今后多了一项责任: 要不就是晚上准备好第二天家庭早餐时要用的托盘, 要不就是负责准备猫食。他选择了照料小猫, 他很骄傲地完成这个任务, 并且获得了表扬……重要的是, 他的妹妹由于太小, 显然没有执行这项任务的特权。

让孩子意识到自己的优点, 根据他个人的特点, 而不是根据他在兄弟姊妹中的位置来对他进行评价。这很重要, 因为这会让他了解到大孩子的特权并非在于让更小的孩子服从自己。

不要这样说:
你自己想办法解决吧!
应该这样说:
如果妹妹让你不高兴, 可以告诉我。

不要这样说:
快去摆好餐具!
应该这样说:
去把餐具摆好吧, 摆得漂亮点儿, 你知道该怎么做的。

不要这样说:
不要像婴儿一样, 喝水时还发出声音。
应该这样说:
像大人一样喝水, 给妹妹做个好榜样。

这不是我的错!

尽管爸爸千叮咛万嘱咐，马提亚斯，6岁，和他的一个9岁的小伙伴儿，今天还是决定要像海盗一样"造反"，把其他小孩从秋千上赶下来。当爸爸闻讯赶到的时候，马提亚斯却说这不是他的错，还控诉是他的小伙伴儿强迫他扮演海盗的。

爸爸不认同儿子的说法，这可不是一般性的错误，这回爸爸要采取些行动来捍卫他的教子原则了。他提醒马提亚斯，爸爸一向禁止他玩那些暴力游戏，只要马提亚斯做不到，他就会一直阻止他。另外，即使是同伴提议这样玩儿，马提亚斯也应该做出自己的选择，哪怕是"不合群"的选择。然后，爸爸用一些简单有趣的例子，让儿子体会到拒绝"做傻事"是可以理直气壮的。例如，如果他的同伴让他去和小宝宝一起玩堆沙堆，或者和女孩们一起玩娃娃，他会答应吗？在大声说出"不会"的同时，马提亚斯也懂得了他有能力做出自己的选择。

孩子必须清楚自己的选择会导致的后果：不听话就会挨批评；或者懂得说"不"，因为这件事是被禁止的——这都不是容易办到的事情。独立做出正确的选择会让孩子具备说"不"的能力，也会增加他的自信。

父母帮助孩子了解到自己有能力独立做出选择后，这会：

- 增加他的自信心。
- 让他认识到自己的良好形象并努力维护。
- 让他学会自律。

妈妈保证！

强化父母在孩子心中的形象

罗曼娜，3岁，她的妈妈刚带着新生的小弟弟从医院归来。妈妈很累，想睡个午觉。当她睡得正香的时候，这个小丫头就来让妈妈给她扎头发。"你真自私，你只为自己考虑！看，妈妈很累，如果你不对妈妈好点儿，她就会更辛苦的。"这时12岁的姐姐吼了起来，同时把妹妹拉出了卧室。

妈妈并不赞同大姐姐的反应。她向罗曼娜保证说爸爸妈妈非常强大，不会因为孩子的打扰而生病。妈妈替罗曼娜说出了心里话：是不是很想单独拥有妈妈？是不是很想告诉妈妈自己很爱她？是不是很想表明自己也像小弟弟一样需要妈妈？罗曼娜回答了好几个小声的"是的"。在妈妈对她温柔地表达了自己的爱之后，她也同意接受妈妈的一个小小要求：独自在卧室里玩一会儿，给妈妈一点时间安静读报。小丫头玩得很好，这表明她理解妈妈刚才表达的意思了。

家长对孩子抱怨自己多么忙碌，或让孩子看到自己身体和精神上的脆弱，通常会起反效果。因为往往是焦虑、不安全感和压力让孩子下意识地"表现不好"，试图吸引注意，来表明自己很重要。他们很需要父母来证明自己的存在感。

对弗洛伊德来说，"超我"是所谓"道德意识"的受托人。它能让孩子内化父母的准则，获得自省的能力。

在家谁做主?

家庭权威的分配

弗兰克，4岁，是个十足狡猾的小淘气。他完全知道怎样应对妈妈强大的权威和爸爸平和的态度！他更喜欢和爸爸一起购物，因为爸爸总会给他买让他惊喜的小礼物……弗兰克把这一点小小的关爱看成是父母的义务。他对妈妈却越来越苛刻，如果妈妈拒绝给他买一件小东西，他就会嘀咕着说妈妈是"坏蛋"以及"我讨厌你"。

爸妈清楚地告诉弗兰克，即使他们的性格不同，在生活中的地位也是一致的，包括权威！为了改变儿子的行为，他们还采取了相同的态度：购物时不会再有小礼物了。为了强调父母一致的态度，爸爸还让弗兰克在超市给妈妈选了一小束花。小男孩一回到家，就很开心地把花送给了妈妈，还为自己在超市时没向爸爸索要任何东西而感到骄傲。

即使做到这一点并不容易，父母也务必要团结起来，避免让孩子兀自揣摩到底谁的权威更多一些。告诉孩子两人随时准备帮助他端正行为，这也是非常重要的。这样一来，孩子就会摆正自己的位置，懂得如何面对同样爱他、且彼此立场一致的父母了。

 如同生气和伤心一样，讨厌他人也是一种消极情绪。父母的介入对于帮助孩子走出这种状态是非常有用的。

请您记住这些经验:

■ 发现爸爸的不同面,能帮助男孩塑造他的男性特征;同理,发现妈妈的不同面,有助于女孩塑造女性特征。鼓励男人与男孩之间或女人与女孩之间的小默契,会加深这种情感!

■ 一个任性的孩子总会比一个容易相处的孩子获得更多关注。所以家长应该为家中每一个孩子公平地分配游戏时间。

■ 最好在孩子们玩得井然有序时就及时予以表扬,而不要等到他们闹出状况时才介入其中。

■ 改善惩罚方式。让犯了错误的孩子去花园里捡一篮松果,好过禁止孩子看电视。前者让他开心,后者让他恼怒。

■ 给孩子明确一些规矩,同时,当孩子在很多事情上表现良好时,也要表扬他们,比如在动画片结束的时候关掉电视,把饼干的包装袋扔进垃圾桶。

■ 为了不让大一点的孩子滥用权威,要向他表明他在拥有一些"权力"的同时,也对弟弟妹妹负有一些责任;另外还要给他在卧室里留一个书柜,用来存放那些他不想与人分享的玩具。这些玩具由他自己负责整理。

■ 如果孩子想对日常生活中的某些事发表意见,这是很好的现象,但要避免给予孩子过多的权力,不要什么事情都征询他的意见,比如新生弟弟的名字,或度假目的地……

学会和睦相处

有时候一些小小的迹象会给您警示。比如：幼儿园老师向您反映，她觉得孩子有点蛮横；第二天，您又为孩子说了脏话感到窘迫。同样，您还发现他容易激动，喜欢叫喊，躁动不安，而且别的小朋友不爱和他玩，他们似乎很难接受他的表现。

这时，您的举止、眼神和言语决定了孩子如何改善自己与他人的相处。要小心，不要让他因为"暴躁和缺乏教养"的评价而产生消极情绪，更不要让这种消极情绪逐渐成为他心里的烙印。您作为家长，应该尽快帮他撕掉这一标签，否则贻害无穷。您需要通过游戏改变他的小毛病，让他发现与他人在平和尊重的氛围下进行交流的快乐。

拒绝标签！

教会孩子更好地与人相处

大卫，5岁，是个充满活力的小男孩，但却总是待不住。大家埋怨他在音乐启发课上总是哗众取宠，在学校，大家都知道这个"著名的捣蛋鬼"！大卫的妈妈对这些消极的反馈感到厌倦，她决定帮助他学会自律……

妈妈提议做一个"很大的游戏"，它将持续一整天。白天里，如果大卫在某件事情上拒绝服从妈妈的要求，能得到两次补救机会。如果第一次就好好配合，可以得两分，第二次才开始配合，可以得一分。如果始终不肯配合，就要安静地在一张椅子上坐5分钟。大卫很愿意做这个新游戏。妈妈第一次提醒规矩的时候，他听话地照做，但之后就不起作用了。妈妈保持着冷静，每次都让他暂停下来坐5分钟。等到天黑的时候，他的游戏成绩是20分和20个"暂停"！随着时间的推移，这个方法非常有效，大卫在妈妈提出第一遍要求时就会答应了。

以"游戏"的方式教孩子遵守指令，会让孩子拥有强大的动力去参与，并愿意为之集中注意力。这些指令应该是积极而简短有力的，绝对不要让孩子一整天都在听那些带着消极情绪的唠叨。

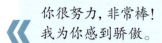

对孩子这样说：
你很努力，非常棒！
我为你感到骄傲。

对孩子这样做：
当孩子淡定地面对挫折时，给他一个温暖的握手。
当孩子一下子就答应要求的时候，向他友好地眨眨眼。

呐呐呐……

蛮横无礼

梅甘娜，5岁，每当父母给她提意见时，她就报以不耐烦的"呐呐呐"，父母不知道这是她从哪里学来的，而且说得很顺口，简直难以让她闭嘴。就在刚才，坐公交车的时候，妈妈要求她不要乱动，她又以这句令人恼火的"呐呐呐"回应妈妈。即使照妈妈说的做了，她依然用"呐呐呐"来表示她的不满。车上的乘客都被她逗乐了。

回到家后，妈妈平静地给梅甘娜解释，如果她以后再说这句无礼的话，自己将在半小时内都不再理她。妈妈说到做到，第一次尝试的情形简直让妈妈难以忍受，因为梅甘娜尝试用所有的方法来吸引她的注意，强迫她和自己说话。但当小丫头发现妈妈不会做出让步时，就只好一个人去角落玩耍了。

梅甘娜很快改正了坏习惯，以后再有生气的时候，也顶多就是皱起眉头、交叉双臂而已了。

在与孩子的争论中获胜或者让孩子闭嘴，有时不是件容易的事，因为孩子了解父母，总有些小办法来"对付"他们。所以，不要让孩子看到他的"攻击性"能对您起作用。沉默，有时比喋喋不休的说教更有效。

无效的说教：
- 好好想想！
- 闭上你的嘴！

有效的沟通：
- 你需要我帮忙解决问题吗？
- 你可不可以小声点？

我有话要对你说!

失去控制的情绪波动

巴纳贝,6岁,爸爸听老师说他在学校表现粗鲁,因为老师没有及时应他的要求帮他打开电脑,就说老师"很讨厌"!这件事让爸爸既生气又沮丧,他连声向老师道歉,之后迅速把巴纳贝带回家中。爸爸确实有话要对儿子说!

爸爸向巴纳贝声明,自己不希望听到有些词从他口中说出,并给他提供了一系列可以用来表达气恼和不耐烦的词语。爸爸说,如果需要,可以从这些词语中选择。小男孩对这些关于"发火"的新词汇很感兴趣。巴纳贝的爸爸还在他耳边悄悄说了一句海盗专属的"骂人话"(实际意义为"救命啊"),这是巴纳贝唯一有权使用的"粗话"。巴纳贝立刻学会了,经常很过瘾地把它用在游戏中。

家长应该允许孩子自如地使用他的语言,而不是让他闭嘴。但必须让他知道,有些词听起来很刺耳,会伤害别人,如果说这些词语,会被归为"缺乏教养"的孩子。所以,孩子不能使用这些词语。

即使孩子不知道某些词的意思,他们还是知道这些"禁语"具有某种威力,能引起:
- 其他孩子的大笑。
- 大人的反感。
- 他人强烈的反应(而这一反应让他更想重复刚才的话语来吸引注意了)。

每人各有不同!

对关爱的需要

温蒂妮,3岁,与她5岁的哥哥萨沙性格不同:温蒂妮很害羞,非常需要关爱,而她的哥哥却是班上的"小领袖"!对于他们的父母,对每个孩子给予平等的关爱真是个难题。在听了温蒂妮老师的意见后,爸爸找到办法了。

爸爸对孩子们解释:从今以后,每个孩子每天都有爸爸或妈妈15分钟的单独陪伴。他的计划立即开始执行。天黑后,当他和温蒂妮面对面地玩耍时,萨沙则一个人在浴缸里扑腾着洗澡。之后,就轮到萨沙和爸爸单独相处了。经历了专属陪伴后,孩子们都非常安宁。结果很快被证实是有效的。一对一的交流倾听和单独的游戏时间不仅没有改变每个孩子的个性,还对他们都有好处。

只需要全身心投入15分钟的专属时间,就可以帮助孩子做出积极的改变。实际上,只有在每天的这一段时间内,孩子才会被百分之百地倾听和鼓励,他们期待被认可、喜爱和表扬的愿望才能得到满足。

不要这样说:

你太慢了。
你太好动了。

应该这样说:

你做事很从容。
你总是很有活力。

请您记住这些经验:

■ "不"这个词在某些时候会引起孩子的愤怒。您最好这样说:"可以,但要等你做了某件事才行",或者"做……不是个很好的主意"。

■ 事先给孩子打好预防针,告诉他哪些词汇或语句是您不希望听到的,如果他说了其中一句,您就会在15分钟内不和他讲话。

■ 如果孩子有一生气就说粗话的习惯,家长要尽快阻止,并告诉他一些可以表达气恼又能被大家接受的俗语。

■ 如果孩子为了逗笑一起坐在餐桌旁的兄弟姐妹而说了粗话,您不要表现出反感的情绪。最好讲一个有趣的故事来分散注意力,或者让他们猜谜。这个以"小丑行为"博取大家注意的孩子自然会感到挫败,对这个方法也不再抱有热情。

■ 在通一个重要电话之前,或者进行某项活动之前,答应孩子的一些要求,给他10分钟的自主时间,并告诉他,之后他不能再打扰您。

■ 和孩子一起讨论当他表现不好时将要受到的小惩罚,这会让他一旦不小心违纪,更容易接受这些惩罚,而不会以怒吼或哭泣来抵抗。孩子们面对惩罚时的过激情绪,往往出于对父母做出此举感到意外,而不是因为惩罚本身。

■ 一件事处理完,就算结束了。不要再对其他家人复述这件事,以免让孩子为自己的"坏事儿"感到得意!

■ 家长要表现出积极的权威感:"你应该把你的玩具收拾好。我给你准备了两个篮子:一个装汽车,一个装书。"

■ 当孩子做出努力时,要表扬和鼓励孩子,这会给他继续完善自我的意愿和力量。

✱ **玛丽-诺艾尔·塔迪，儿童心理医师**

➤ 长期以来，家庭中的传统应是"严父慈母"，而现在似乎发生了一些变化：爸爸们越来越像母亲一样温柔了。这对孩子真的更好吗？

权威是由父母两人共同掌握的，过去也是如此，尤其是在妈妈们足不出户、相夫教子的时代，母亲并不因为性格温柔就比父亲的权威小。

然而，父亲的重要作用在于，随着孩子年龄的增长，他必须阻止孩子对母亲的过度依赖，带领孩子接触外面的世界，找到自己的定位。

权威不等于严厉，过于严厉的管教无益于孩子的性格构建，这样的父亲不仅不称职，反倒需要进行心理辅导。所以，今天的多数母亲同时也是职业女性，父亲表现出温柔关怀的一面，未尝是坏事。

需要提醒的是，父亲的角色并不是成为"第二个母亲"，他与妻子还是应该各有分工。父亲要给孩子提供安全感，与孩子建立一种不过分亲密的父子关系。父亲的言语交流和情感表达，对小朋友的成长至为重要。

> **在单亲家庭里，女人既行使母亲的职责，又扮演父亲的角色，有没有什么典型的误区需要规避？**

我给单身母亲的第一个建议，就是不要让自己消耗太多精力。那些在关系结束后仍能够获得前夫帮助的母亲——无论是提供抚养费还是亲自陪伴孩子——日子会过得轻松一些，前提是夫妻冲突已经顺利解决，孩子不会被任何一方利用为解决问题的"工具"。在必要的时候，如果希望孩子尽快摆脱父母冲突带来的阴影，求助于心理师也是很有用的。

如果孩子一降生就没见过自己的父亲，母亲应该明确告诉孩子父亲的存在，并让一些男性角色进入孩子的生活，如叔伯、爷爷、外公、男性朋友……这有助于孩子的自我构建。母亲承认孩子父亲的地位，对孩子的心理健康是很重要的。

总的来说，单亲母亲如果能以开放的心态面对生活，一切问题都终将解决。最典型的错误就是将自己和孩子封闭起来。别忘了有这样一句谚语："要养育一个孩子，至少需要一个村庄。"所以，与其他母亲或家庭的联系，也可以帮助自己重获力量，让孩子适应社会生活。

> **孩子犯了错误，被家长打屁股或打手，您怎么看待？**

打手、大腿或者屁股，对孩子而言是一种带有"侮辱"意味的举动。如果这一举动是在家长束手无策、失去理智时偶尔发生，还不算太严重。但是归根结底，打孩子只能在当下这一刻产生效果，威慑孩子，紧接着，家长就会产生罪恶感——如果他们能及时对孩子表达歉意，也算为时未晚。

尽量避免一切会给孩子带来心理创伤的行为吧。

★ 克劳德·圣-布莱兹，幼儿园园长

➤ 为了教会孩子和睦相处，幼儿园的老师会做些什么？

我们以具体情况为例组织了一些讨论，尤其是关于那些受到老师批评的日常行为。孩子们需要思考："为什么我们不能朝他人吐口水？""为什么我们不能打人或踢人？""怎样才能友好相处？""别人嘲笑你的时候，你会怎样？"

每个孩子都做出自己的回答，老师把他们的答案记录下来，并粘贴在笔记本上。每周一的早晨，家长们也会告诉我，他们一家在周末又进一步讨论了这些"哲学问题"。

★ 艾曼纽·努瓦特莱，小儿正音科医生

➤ 不良的语言发展会阻碍孩子融入社会吗？

当然！如果一个3至4岁的孩子还不能正确地通过口头表达意愿、感受、需要和担心，儿科医生很可能会建议家长去向正音科医生寻求帮助。几堂有针对性的课程和专业练习，会让孩子的表达能力得到快速持续的提高。

口头表达欠佳的孩子往往会试图用手势来交流，这是很正常的。然而在学校的时候，这种现象不利于孩子和同龄人之间的相处。语言能力落后是儿童常见现象，家长不必太担心，但要带孩子及时去矫正。

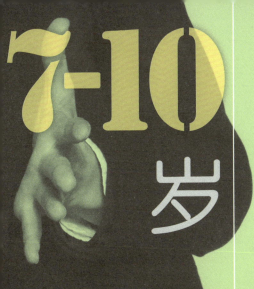

7-10 岁

自律且快乐的生活

准备好与孩子展开谈判了吗？如果孩子在学校发生冲突，准备好扮演调解人的角色了吗？面对孩子思想行为的小偏差，准备好挑战自己的包容与耐心了吗？必须如此，因为犯错使孩子成长。作为家长的您应该教会他信任他人，有责任感，独立思考，成为一个完全独立的个体！

您一定很愿意交流自己的经验，其中冲突和矛盾总归难免。这条并不坦荡的成长道路会帮助孩子学会控制情绪，快乐地度过童年时光。

你为自己负责吗?

学会自律

亚尼克,7岁,他的父母已经受够了从早到晚都得盯着他、任何要求都要重复十遍才被执行的日子。更别说他放学回家后一边吃点心一边看电视,时间已大大超出了规定的半小时。这个坏习惯让父母很恼怒,因为看电视占用了做作业的时间。每天傍晚,当父母回家面对这一切时,家里的气氛就很紧张。

为了结束这些日常纠纷,妈妈向儿子声明,他必须独立为自己制定从放学回家到晚饭时间的任务表,包括吃点心、做作业和洗澡。如果他的实际完成情况比任务表上的计划延迟了,没人会指出来或批评他,但第二天看电视的时间会自动取消。

亚尼克为自己的任务表感到新奇和骄傲,他在前三天认真遵守自己的计划。之后,拖延现象也偶尔"故态复萌",但越来越少。小男孩越来越自律了。

当孩子对家长要求完成的任务消极抵抗、不断拖延时间时,家长应该及时设法改变局面,以表达反对立场。建议孩子自己制定一个生活学习计划,可以让他学会自律。

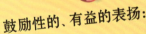

鼓励性的、有益的表扬:

- "你的作业做得很好,晚饭也吃得很干净。"
- "看到你能独立解决问题,我很高兴。"
- "真棒!我要是你,都不见得做得比你好!"

你需要弥补过失!

承担自己行为的后果

吉尔美特,8岁,喜欢对任何事情发表意见。在学校,她经常因此被处罚;在家里,她可以尽情这样做,然而似乎全家都成了她批评和嘲讽的对象……小姑娘新出现的这一行为刺激着爸爸的神经,尤其是在某个晚上,她未经允许闯入哥哥的房间,又对妹妹发起进攻,把妹妹锁在厕所里,还说这是她们之间的"游戏"。

"家里和学校不一样,"爸爸给她解释道,"我们不惩罚,而是改正错误。"爸爸建议她立刻给妹妹一个心理上的补偿。吉尔美特决定和妹妹一起唱她幼儿园歌单上所有的歌。这个代价可大极了,因为妹妹会唱二十多首呢!然后,哥哥又过来要求吉尔美特为他整理整个房间!幸运的是,爸爸在,他认为哥哥的要求有些过分。他说,吉尔美特不用整理整个房间,只要帮哥哥倒掉纸篓就行了。

家长不要表露自己的恼怒,不要一直停留在孩子所犯的错误上,而要将注意力集中在后期的弥补上。弥补不应马马虎虎了事,而是要好好商讨出具体做法,让双方都能够接受。这样,两个孩子才会明白补偿之事的公正性。

自律四步走:

- 发现问题。
- 要求孩子自行寻找解决方法。
- 让利益受损的一方接受某种补偿。
- 当孩子很好地做出了补偿时,就去表扬孩子。

仅有道歉是不够的……

拒绝弥补过失

鲍里斯，10岁，这段时间很容易为了一点小事就生气。他刚才回房间时，关门用力过猛，门把手被扯了下来! 15分钟后，他平静了下来，向妈妈道歉。

妈妈说她看到鲍里斯心情平复，感到很开心，但仅有道歉是不够的，他要用自己的零花钱去买一个新的门把手。鲍里斯很恼怒，他喊道: "这不是我的错，再说，我都已经道歉了，我才不想把钱给你!" 妈妈不被儿子的情绪牵着走，只是对他指出，如果他拒绝弥补错误，可能会给自己带来一些麻烦。虽然妈妈说好了第二天就给他买一双篮球鞋，但是发生了这件事，他必须等一个月之后才能拥有这双篮球鞋了。买新鞋的钱的一部分会用来购买一个新的门把手。

鲍里斯对这个惩罚不断抗议，但最终还是接受了。之后，他严格遵守家庭准则，由于自己的原因而损坏的物品，一律用零花钱或做家务来偿还。

道歉是必要的，仅仅道歉却是不够的，因为，孩子仍然不能通过道歉而真正认识自己的过错。这就是为什么要在孩子犯错以后，要求他们采取实际措施来弥补的原因。

纠正不良举止会让孩子意识到:

- 我必须改正自己的过错。
- 采取另一种态度和另一种策略，我就会达到目标。
- 我变得更加强大和自主。

家庭成员互助

鼓励孩子参与家务劳动

蕾切尔，10岁，每个星期三晚上，她和两个7岁的双胞胎弟弟由爸爸照料。爸爸很享受这一时段，但在妈妈下班回家之前，爸爸和孩子总是为了打扫房间的事争执不休。今晚又是这样，蕾切尔不肯擦厨房台面，让爸爸格外恼火。蕾切尔的理由是，自己上完舞蹈课已经精疲力尽了！

吃晚饭的时候，爸爸决定和孩子们谈谈有关家庭成员互助的事情，大家讨论得很热烈。随后，蕾切尔提出要像她最好的朋友家那样做。每个星期开头，在妈妈列出的劳动清单上，每个孩子选出自己喜欢的家务劳动。如果有两个孩子选了同一种，则由扔硬币来决定。如果没有完成自己的任务，规则很简单：接下来的一个星期，这个孩子还要接受一项附加劳动。从这之后的第二天起，"家务劳动清单"就贴在了冰箱上！

参与家庭生活会让孩子更有责任感，而且会让孩子自然而然地愿意去帮助他人。为了达到良好效果，可以让孩子自主选择他喜欢的家务。然而，家长还是要让孩子感受到父母的权威，对孩子的任务执行情况予以监督。

"**拖延症**"很常见，意即将自己不喜欢的任务留待以后完成。其原因往往是：

- 对权威的抗拒
- 缺乏动力
- 因工作量大而感到气馁

请您记住这些经验：

■ 当孩子顽固反对父母的时候，请您试着在半天之内不去训斥孩子，而尽可能在他犯错的当场温和地指出来。

■ 给孩子更多的自由，让他自主选择：他可以选择只在每个星期三进行音乐、体育或艺术活动，但必须坚持下去；他可以选择在洗澡前或洗澡后整理玩具，但必须在晚餐前做完；他可以选择做作业的地方，但必须经过家长许可。

■ 家长应该利用孩子天然的创造力让孩子制定自己的准则和惩罚方式。孩子会对这项任务感到非常骄傲，因而会格外小心自己的行为。

■ 正如我们在工作中签署的所有"契约"一样，家长应该在问题出现之前，明确告知孩子他的不良举止可能导致的后果。

■ 避免威胁和指责孩子，一个清晰明了的要求足矣。

■ 当您对孩子进行批评时，您应该针对事件（你没有听我的话，你刚才不想帮忙，你打扰到哥哥了）而不针对人（你很自私，你很好斗，你很慢，你不负责任）。

■ 真诚的表扬总会让孩子想表现得更好（但注意不要过分夸张，以免让孩子觉得虚假）。

■ 用第一人称"我"，加上简洁的陈述、积极的态度，更容易让孩子接受。比如"我希望你不要在街上推挤别人"，比起气恼地说出"你不能小心点吗"，效果要好得多。

■ 当孩子违反家庭纪律时，需采取

合理的惩罚方式：把孩子独自放在一边待几分钟，而不是一个小时；如果家中物品被损坏，就让孩子赔付一部分零花钱，而不要剥夺他整个月的零花钱；没收玩具也仅限于一两个，不要过多。

■ 暂停孩子的特权，也是一种能使他增强责任感的弥补方式。如果孩子应该在下午五点半从朋友家回来，可是他回家晚了，您可以要求他下次提前半小时到家。这样，他拖延的习惯很快就会改正了。

■ 要让孩子知道遵守生活规范的好处：整个星期都在厨房帮忙的孩子可以吃掉锅底融化的巧克力；每次洗完澡都把浴室整理干净的孩子周末可以享受泡沫浴；一整天没有说粗话的小女孩可以在嘴唇上抹一点鲜亮的唇彩。

■ 改正错误会让孩子更加注意自己的言行。在讲了粗话之后，孩子会用友善的话语来表示自己其实很欣赏被他伤害到的人。如果对别人做出粗鲁的举止，他会主动要求给对方提供帮助，让他高兴起来。

了解社交准则

吃一堑，长一智！您在纠正孩子的不当言行之前，需要首先做出一些判断。他在小测验中作弊，他辱骂了一位同学，他对长辈不礼貌……请您不要把事情严重化，而要积极地采取措施！

正因为孩子犯了这些错误，您才有机会让他明白，此前制定的规则并非为难他，而是确有必要。告诉孩子，要想与他人和谐相处，应该学会包容、尊重和克制。

我要把它说出来!

应不应该"告密"？

西普里安，9岁，放学回家时非常生气，因为他和另外一些同学集体受到处罚。老师发现讲台上的粉笔全部碎成小段，她不知道是谁干的，就要求所有同学把书上的全部字词抄五遍。老师要求他们在两天之内完成这项艰巨的任务，除非弄碎粉笔的那位主动站出来承认错误。西普里安不想抄写词语，他想揭发那个"罪犯"。

西普里安的爸爸和他谈了很久。爸爸首先教导他要尊重别人，这样才能被人尊重。他应该听从老师的话，因为老师暂时没找到其他解决问题的办法，所以只好集体惩罚他们。为了尊重同学，他应该和别人一样接受惩罚，否则，大家受的惩罚可能会加倍。最后，不应该由他来揭发犯错的同学。只有那位同学自己可以这样做。不过，西普里安可以在下次公民教育课或学生会议时，讨论一下惩罚的意义，并建议老师使用更公平的处罚方式。后来，西普里安接纳了爸爸所有的意见，也如期完成了那项惩罚性的作业！

恰当的方法能教给孩子良好的行为方式，即便当他处于不公平的情况下。为达到这个目的，应该多花时间来倾听孩子，让孩子摆脱自己的愤怒情绪，让他感到我们能理解他的困难，也愿意帮助他。

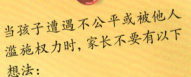

当孩子遭遇不公平或被他人滥施权力时，家长不要有以下想法：

- 我对这些事情感到很烦。
- 这并不是很严重。
- 自己去解决问题吧。

我只听我爸妈的话!

质疑大人的权威

7岁的佩内洛普,10岁的卢卡斯,父母刚刚离婚。这一天,他们和妈妈到朋友家玩。大人们聊天的时候,佩内洛普和卢卡斯以及其他孩子一起在窗口朝马路上扔纸飞机。这家的主人不愿让他们玩这个游戏。主人很生气,他找到孩子们,命令他们和自己一起去捡人行道上的纸飞机。佩内洛普拒绝并反抗道:"你不应该命令我,你不是我爸爸!"

她的妈妈这时过来了,她向佩内洛普解释,当孩子犯错误时,大人的意见都是一致的,应该听取。为了让她安心,妈妈还告诉她,的确没人能够取代爸爸的位置,正因如此,她才更应像爸爸教给她的那样,礼貌接受长辈的批评和建议。为了结束这件事,妈妈带她出去,和那群孩子一起捡纸飞机。惩罚反倒变成了有趣的游戏,大家争先恐后,希望自己捡得最多。最后,刚刚发过脾气的主人和没礼貌的佩内洛普成了并列第一,他们开始互相赞美对方了!

向孩子说明大人的角色,会让孩子产生信任,让他愿意接受他们的要求。不可替代的父母和其他长辈都对他负有教育责任,会帮助他良好地塑造自己,也帮助他做出重要决定。

和孩子探讨问题时,请您:

- 倾听孩子的不满,不要随意做出评价。
- 简单表述您的感受。
- 共同寻找一个双方都可接受的解决办法。

为什么别人家就可以这样做?

坚持自己的教育方式

　　马提亚斯，10岁，应邀去一个朋友家过夜。妈妈第二天去学校接他放学时，他看起来身体很萎靡，精神却很亢奋。他给妈妈讲述昨天度过的美妙夜晚，他和他的小伙伴一起看电视，很晚才睡觉，因为小伙伴的爸爸妈妈完全不管他们，想做什么就做什么!

　　妈妈对马提亚斯说，每个人都有自己的做事方式，但千万不要认为不需努力、无拘无束的生活，就会为自己带来快乐，恰恰相反，你将面临很多问题。为了让孩子理解自己的意思，妈妈给他举了一个具体的例子：她问马提亚斯，在度过了"一个美妙的夜晚"之后，今天的诗歌测试他得了多少分。马提亚斯很惭愧，他承认他们俩都得了零分，因为前一天晚上压根儿就没想到要复习，而且小伙伴的父母也没对他们做任何要求!马提亚斯承认自己很后悔，因为这次的糟糕分数会拉低他的学期平均分。

　　让孩子了解别人家不同的生活方式和家庭规范，这很重要。其中一些特别宽容或特别严格的家庭，会帮助孩子对自己的教育环境做出客观的判断。

■ 家长的权威在于设定边界，从而让孩子建立安全感。

■ 专制是一种严厉的管制，在这种氛围下，只有大人的意见算数。

■ 放纵表示缺乏约束。它给孩子提供一种没有限制、从而也并不安全的成长空间，在这种氛围下，孩子很难自我塑造。

请您记住这些经验：

■ 如果您的孩子在学校里经常遇到人际关系方面的问题，您要通过一些"角色扮演"的小游戏来帮助他做出调整。让他扮演同学、老师或校长，而您来扮演他，让他知道怎样避免冲突或做出道歉。

■ 如果他常常很激烈地表达自己并为此承担糟糕后果，您就要用提问的方式来启发他思考："你想要什么？你应该怎么做？如果得不到又该怎么办？"

■ 告诉他对长辈的礼貌是一种可贵品质，也可以让自己少挨批评。为此，教给孩子一些可以表达异议但又不伤害他人的礼貌用语。

■ 当孩子拒绝听从大人的建议时，可以用纸和笔向他传递信息，在文字旁边加些可爱图案，以免孩子看也不看就将它撕坏！以"可不可以"这样的温和口吻开始，以"请找出一种我们两人都可以接受的解决办法"结束，再画上一个小太阳和一张微笑的脸……

■ 当孩子应邀去小伙伴家过夜时，您要教孩子如何做一个受欢迎的客人，告诉他要遵守主人家的规矩，并在离开的时候表示感谢。

■ 当孩子回家时，不要对他问东问西，但是前一天晚上您要与主人家通个电话，了解是否一切都好，是否有大人在家……

★ 玛丽-诺艾尔·塔迪，儿童心理医师

➤ 当家长面对一个对他们蛮横无礼、什么都听不进去，还公然嘲笑他们的孩子，应该怎样做？

　　这样做的孩子往往正在生气。有时，他很埋怨自己的父母，但又找不到合适的话向他们做出解释；有时他可能感到嫉妒或不公平，但又没法把它表达出来。孩子需要家长帮助他平静下来，需要他们问出他生气的原因，然后被倾听。

　　一些孩子觉得有些话不能说或无人可说。我见过这样的案例，孩子在玩了父母的手机后，发现一些让他们困扰的信息（婚外恋、同性恋等），他们不知道如何理解和向谁倾诉。此时，心理治疗师就可以提供重要的帮助。

　　孩子对家长权威缺乏认可，通常是由于家长自己违背规则（例如：母亲偷窃、父亲坐牢等），或者由于孩子在不同的成长阶段遇到不同的困难：2岁时规矩没有定好，或者当孩子找不到自己的定位时，就会产生恋父或恋母情结……

▶ 家庭规则应该由家长与孩子共同协商制定,还是由家长单方面完成?

应该由家长单方面制定规则,但同时应考虑到孩子的感受和需要。家长必须要意识到孩子的年龄和成熟度,以便合理制定规则。但是在任何情况下,都无须进行"平等协商",只需要了解孩子的意见即可。值得提醒的是,对孩子说"不"已经足够了,无须再画蛇添足地向孩子解释"为什么",这往往无用,甚至危险。

受约束的孩子不会有过多的焦虑感,而且当他长大后,这些约束会成为其行为习惯的一部分。至于孩子成长所必需的,充满爱和信任的家庭环境,与是否"平等协商"无关,只与亲子间的相互尊重以及稳固的情感基础有关。

▶ 家长偶尔做出的粗鲁举止会影响孩子吗?

粗鲁的行为是会被模仿和"传染"的,但不是所有孩子都以同种方式来面对粗鲁的行为和态度。年龄较小的孩子,在目睹

粗鲁举止后，可能会去模仿。年龄大些、性格已经成形的孩子，会抗拒这些粗鲁行为。更有一些孩子表现出惊人的成熟，他们可以原谅这些粗鲁行为，将此举视为父母"压力过大"。

家长偶尔做出粗鲁之举，不必太担心，重要的是要与孩子及时沟通，向他解释这一过分行为发生的背景，并做出道歉和弥补。

▶ *每个家长对待孩子的方式，都与他们个人的童年经历有关吗？*

对，往往是这样。如果一个父亲曾有一个很专制的父亲，他自己在做家长的时候就会时而严厉时而友善，因为他想逃离之前的家长模式，但又难以彻底摆脱。孩子面对家长这种前后不一的态度会感到不安。

好在，家庭之外的与孩子关系密切的教导者，比如班主任、长期上课的钢琴老师或体育教练，也对孩子有重要影响。如果他们足够称职，能够帮助孩子修复心理上的疑惧。生活阅历和个人的心理机制也能让处于困境的家长做出积极改变，从而给予孩子最好的教育。

▶ **怎样区分一个"非常好动"的孩子和一个真正属于病态、需要就医的孩子？**

　　一旦一个"好动"的孩子将自己或同伴置于危险境地，比如，他的行为具有施虐性（弄伤动物或其他同伴）或破坏性，就需要带他就医。当家长感到已经到达自己忍耐的极限时，应立即咨询医生，而不是继续放任。

　　有些情况下，专家会让家长放心，孩子的异常表现或许只是语言问题，需要正音方面的矫正，或者是身体发育迟缓，需要运动学方面的治疗。有时，专家会建议进行简单的心理治疗。个别情况下，孩子也可能被诊断为较为严重的症状（比如由精神病导致的现实失真），这时，需要考虑更加重大的治疗。

小贴士

风暴来临时，家长要看清路标！

参照以下几点，丰富您建立权威的小常识

- 即便您感到不妥，也不要质疑您的丈夫或妻子对孩子的管教。否则孩子很可能感到困惑，或者趁机"投靠"到更有利于自己的家长那一边。
- 如果父母离异，为了保持教育的一致性，两人需共同列出一个清单，上面写有你们双方都不能接受的不当行为。
- 您要学会"抓大放小"，要懂得区分"绝对不能接受的言行"和"只是惹人生气的言行"。前者（涉及孩子的身体、情感和精神安全的言行）需要接受惩罚，至于后者，能忽略就忽略吧！

教孩子学会听话的速度竞赛（4-7岁）

游戏目的：让孩子明白他有能力做得很快很好。如果家里只有一个此年龄段的孩子，您可以将游戏规则从"和别人比"改为"和自己比"，为孩子的行动计时，每天记录比较，看他是否有进步。

- 整理房间: 在5分钟内快速收捡所有需要装进大收纳袋里的东西, 收纳袋最重的孩子获胜。
- 整理客厅: 把书籍收捡好, 摆整齐, 越多越好!
- 自己穿睡衣: 家长提出一个好玩的指令, 例如反着穿睡衣, 把袜子当手套穿等等。第一个不按常理穿好的孩子就是获胜者。
- 上学前换好衣服: 没有什么比父母和孩子之间的速度竞赛更好的了!
- 快速入席: 入席后, 第一个拿起餐具的人就是获胜者。
- 获胜者有一个小特权: 他可以第一个用餐, 晚上可以多听一个故事, 还可以自主选择甜点⋯⋯

帮助孩子表达情绪的游戏

和他一起玩连线游戏, 将左边的情景与右边相应的回答连起来。
游戏目的: 教孩子礼貌地做出回答。

☐ 你姐姐想看她喜欢的节目。   ☐ 这是不可能的。

☐ 你妈妈希望你穿那双你不   ☐ 听从你的话总是很艰难, 但
喜欢的鞋。   我还是会照做的。

☐ 吃点这个, 虽然你不喜欢。   ☐ 可以, 但是我会不高兴。

☐ 一个孩子想让你做不愿做   ☐ 那我可不可以帮他个忙作
的事。   为交换呢?

☐ 你哥哥不想把他的旱冰鞋   ☐ 大家轮流来, 明天就轮到
借给你。   我来决定了。

需求还是欲望?

- 规则: 将"欲望"和"需求"写在一些对折起来的小纸片上。孩子任意从中抽取一张, 并举出一个和抽到的词相符合的例子。如果举例正确, 他就获得1分。第一个获得10分的孩子是获胜者。

角色扮演游戏

编一些小短剧, 在剧中, 你们相互转换角色: 他演大人, 您演孩子。

- 孩子正在玩, 这时爸爸要求他摆好餐具。
- 妈妈要求孩子穿好衣服, 孩子却报以一句粗鲁的回答。
- 孩子在班上表现得无礼, 老师惩罚了他。
- 妈妈想让孩子洗澡, 但孩子正在看他喜欢的电视节目。
- 老师不公正地剥夺了孩子的娱乐。

粗话窝

在一些小纸片上写一些无伤大雅的常用俗语。在孩子的语言表达出现偏差的情况下, 让孩子随便抽一张小纸片。抽到的词语就用来代替他不久前才说出口的粗话!

- 可以用这些词(您肯定可以想到更多): 天啊! 哎呀! 天杀的! 我的神呀! 小笨瓜! 见鬼!

学会自律(从6岁起)

- 孩子制定一个放学后的任务清单: 作业、洗澡、整理房间。
- 规定每一项任务的完成时间并严格遵守: 如果他决定18:30开始洗澡, 19:00洗完, 那么就这样去做。
- 从最重要的事情开始做。

■ 在每周末总结上一周的自律情况，看看自主管理时间给他带来了多大的满足感。结果往往是正面的，因为这个方法让孩子拥有更多的时间玩耍！

奖励自己一个笑脸

没有什么比表格里的笑脸更让人快乐，这个笑脸表示成功。

■ 让孩子每天都在相应的表格里画上笑脸，表示做得很好。傍晚时，家长和孩子一起观看图表，分享他的成就感。

■ 每到星期六，父母要为表现好的孩子兑现奖励。奖励最好是某种"免费"娱乐，而不是需要花钱的礼物，比如美味的小菜、一起听CD，或者朗诵小故事……

项目 \ 星期	一	二	三	四	五	六	日
我没说任何脏话	☺		☺				☺
我收拾了我的玩具	☺			☺		☺	
闹钟一响我就起床了		☺			☺	☺	
我帮父母做了家务						☺	
我借给妹妹玩具了	☺		☺	☺		☺	
我做了作业	☺		☺	☺		☺	
笑脸总数	18						

我的心情日记

我的心情日记

我的心情日记

我的心情日记

我的心情日记

我的心情日记

图书在版编目（CIP）数据

怎样建立父母的权威 /（法）马德琳·德尼 著；肖梦哲 译
武汉：长江文艺出版社，2015.01
（蒙台梭利全面育儿教典）
ISBN 978-7-5354-7684-5
I. ①怎… II. ①马… ②肖… III. ①儿童教育－家庭教育 IV. ① G78
中国版本图书馆 CIP 数据核字（2014）第 242569 号

L'AUTORITE
2009© Éditions Nathan - Paris, France

Chinese simplified translation rights arranged with Chengdu ZhongRen Culture Communication Co.,Ltd.
本书中文版权通过成都中仁天地文化传播有限公司帮助获得

选题策划 | 郑迪蔚　　中图传媒　　　　　联合出品 | 金丽红　　黎　波　　严加丰
责任编辑 | 陈　曦　　　　　　　　　　　装帧设计 | 郑迪蔚
媒体运营 | 张银铃　　　　　　　　　　　责任印制 | 张志杰

出版 | 湖北长江出版集团　　　　　　　电话 | 027-87679310
　　　长江文艺出版社　　　　　　　　传真 | 027-87679300
地址 | 湖北省武汉市雄楚大街 268 号湖北出版文化城 B 座 9-11 楼
邮编 | 430070
发行 | 北京长江新世纪文化传媒有限公司
电话 | 010-58678881　　　　　　　　传真 | 010-58677346
地址 | 北京市朝阳区曙光西里甲 6 号时间国际大厦 A 座 1905 室
邮编 | 100028
印刷 | 北京市梨园彩印厂
开本 | 880 毫米 ×1230 毫米 1/32　　印张 | 3.25
版次 | 2015 年 1 月第 1 版　　　　　印次 | 2015 年 1 月第 1 次印刷
字数 | 50 千字
定价 | 22.80 元